COMPTE RENDU

DE

L'ŒUVRE DES DAMES DE CHARITÉ

DE LAGNIEU

Pour l'Année 1904

PAR

M. DÉGOUTE

ARCHIPRÊTRE DE LAGNIEU

LYON

IMPRIMERIE EMMANUEL VITTE

Rue de la Quarantaine, 18

—

1904

COMPTE RENDU

DE

L'ŒUVRE DES DAMES DE CHARITÉ

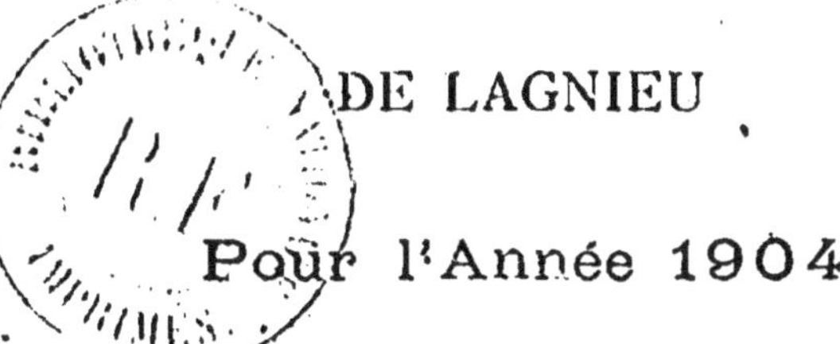

DE LAGNIEU

Pour l'Année 1904

PAR

M. DÉGOUTE

ARCHIPRÊTRE DE LAGNIEU

LYON

IMPRIMERIE EMMANUEL VITTE

Rue de la Quarantaine, 18

1904

COMPTE RENDU

DE

L'ŒUVRE DES DAMES DE CHARITÉ

DE LAGNIEU

Pour l'année 1904

Mesdames,

Vous ne vous étonnerez pas si ma première parole, en vous présentant le compte rendu de votre Œuvre, est une parole de remerciement à M. l'abbé Body, votre éminent prédicateur de la Retraite, pour les instructions à la fois si simples, si pratiques et si doctrinales, qu'il vous a données pendant ces quelques jours.

Comme il a su faire passer dans vos âmes l'amour de Dieu dont son cœur est rempli !

Comme il vous a montré, facile et à la portée de tous, cette vie chrétienne que tant d'éléments extérieurs tendent à diminuer, à amoindrir parmi nous.

Aussi, je suis bien sûr, Mesdames, que vous sortirez de cette Retraite bien décidées à mettre en œuvre les conseils pratiques qui vous ont été donnés : organiser votre vie chrétienne d'après les principes de la foi ; vous montrer en tout et partout les fidèles enfants de cette Eglise catholique dans laquelle il n'y a pas de distinction de classes ou de nationalités, dans laquelle nous sommes tous un en Jésus-Christ. C'est elle, et elle seule, qui formule les principes sauveurs auxquels notre intelligence doit soumission et obéissance, et, au milieu de nos agitations sociales, qui écouterions-nous ? sinon cette autorité à qui uniquement ont été confiées les paroles de la vie éternelle.

Aimez donc l'Eglise, Mesdames, elle est la colonne et le soutien de la vérité, apprenez à vous identifier à ses destinées, à compatir à ses souffrances, à suivre ses combats, à jouir de son triomphe, à travailler pour sa liberté.

Observez fidèlement ses préceptes : là où fleurit cette observation, là, règne la paix, l'ordre, la prospérité publique, car ces grandes choses auxquelles nous devons aspirer, sont inébranlablement assises sur les fondements du droit, de la liberté et de la justice.

Faites plus, Mesdames, aidez-nous à développer dans cette paroisse, l'esprit vraiment catholique. Soyez les confidentes, les conseillères, les amies, non seulement de vos pauvres, mais de toutes les âmes sur lesquelles vous pouvez avoir quelque influence.

Qu'il n'y ait, parmi les vôtres, que des catholiques

véritables, pratiques, conséquents, sincères, pour qui la religion n'est pas une chose superficielle et intermittente, une vaine cérémonie qui leur prend à peine une demi-heure tous les dimanches, et à laquelle on ne songe plus, mais une croyance véritable, sérieuse, un sentiment profond qui nous prend tout entiers, qui nous accompagne partout, qui domine en nous, comme une règle suave et inviolable, qui suit tout le mouvement de notre vie domestique et sociale, privée et publique.

Rompez le pain de la doctrine aux petits et aux pauvres, enseignez les petits enfants, employant toutes les industries pour les attirer à vous.

Cette œuvre de catéchistes volontaires établie dans cette paroisse, cet apostolat de l'enfance qui suscite déjà parmi vous, Mesdames et Mesdemoiselles, tant de généreux dévouements, cette œuvre est belle et digne d'âmes élevées : elle est l'une de nos plus précieuses consolations. Nous vous la confions, Mesdames, comme l'œuvre la plus féconde et la plus méritoire au milieu des défaillances morales et religieuses de notre époque. Daigne la charité de Jésus-Christ, l'ami des enfants, envahir vos cœurs et leur inspirer grande pitié de ces chères âmes qui périssent souvent parce qu'il n'y a personne, ni à l'école, ni au foyer domestique, pour leur rompre le pain de la vérité.

Il est encore une autre forme de la charité que je désirerais voir votre zèle revêtir en ce moment, parce

que l'heure est grave et que les esprits sont désem-
parés, c'est de travailler à la diffusion de la Presse
catholique.

Permettez-moi, Mesdames, d'appeler votre atten-
tion sur cette importante vérité que de vous, surtout,
doit dépendre dans cette paroisse, la solution de l'im-
portant problème, savoir si oui ou non la Presse
catholique réalisera, au milieu de nous, la grande
œuvre de régénération qu'en attendent la Providence
et l'Eglise, dans les temps présents. La mission pro-
videntielle de la Presse a été si souvent et si supé-
rieurement traitée par les voix les plus autorisées,
que personne, assurément, n'a plus besoin d'argu-
ments pour être convaincu de son importance.

Mais ce ne seront que vains conseils et paroles
fugitives tant que vous, Mesdames, tant que tous les
chrétiens véritables ne travaillerez pas à la diffusion
de la bonne Presse. A l'heure actuelle, c'est un devoir
qui incombe à tout chrétien de la soutenir.

Bannissez donc de vos demeures et du foyer de
vos pauvres toute feuille impie ou licencieuse qui
pourrait flétrir l'âme de ceux que vous aimez. Ne
craignez pas de vous imposer quelques sacrifices
pour vous abonner aux meilleurs journaux et les pro-
pager autour de vous. L'esprit public, n'en doutez
pas, ne pourra être changé que par la Presse, et si
nous rencontrons à l'heure présente tant d'indiffé-
rence, tant d'insouciance sur les désastres qui ont
déjà fondu sur notre malheureux pays et sur ceux

qui le menacent encore, c'est que l'esprit public y a été préparé par une Presse incolore quand elle n'est pas sectaire, qui cache la vérité, qui atténue le mal, qui va jusqu'à le montrer comme un bien nécessaire.

Il faut donc éclairer l'esprit public, il faut que la vérité pénètre dans tous les foyers, et, Mesdames, ce n'est pas trop préjuger de votre zèle que de compter sur vous pour une telle entreprise.

Vous aurez ainsi travaillé à ramener la paix entre tous les citoyens d'une même patrie, vous aurez aidé, dans la mesure de vos forces, à défendre la sainte Eglise de Dieu, à assurer son triomphe dans la lutte qu'elle soutient contre la corruption du siècle.

Vous me pardonnerez, Mesdames, ces graves accents, mais ne sommes-nous pas en pleine tempête? et le vaisseau de la société ne va-t-il pas être submergé?

Tout serait à craindre si l'Eglise n'était pas là, jetant les ardeurs de sa charité dans la lutte, si elle n'inspirait pas à ses enfants des dévouements sans limite pour tous les déshérités de ce monde; si elle ne disait pas à ceux qui sont comblés des dons de la fortune : Souvenez-vous de vos devoirs, du bon exemple et des comptes que vous aurez à rendre à Dieu pour tout ce qu'il vous a donné et dont vous n'avez pas fait profiter vos frères; souvenez-vous de la fraternité évangélique qui vous est imposée par Dieu.

Si l'Eglise catholique est écoutée, si toutes nos bonnes volontés sont à son service, elle nous sauvera.

Vous souvient-il, Mesdames, de cette expérience étrange qui fut tentée, en un jour de tempête, par un capitaine de vaisseau ?

. Pendant qu'un orage éclatait et que son vaisseau était battu de tous côtés par les vagues en furie, il lui vint à la pensée de faire verser de l'huile sur les flots ainsi soulevés. Elle tomba goutte à goutte au milieu de l'ouragan, elle apaisa les flots autour du navire menacé et le vaisseau fut sauvé.

Nous avons, dans cette expérience, l'image de ce qui se passera si nous sommes fidèles à l'appel du Christ et si nous nous vouons aux bonnes œuvres qui intéressent le pauvre et l'ouvrier.

L'orage est terrible, le vaisseau est battu de toutes parts, eh bien, Mesdames, versez dans les flots l'huile de la charité, l'huile de l'amour et de la purification, l'huile de votre dévouement aux malheureux, aux travailleurs, à l'Eglise, à ses pasteurs, et le vaisseau de la société sera sauvé.

Votre Œuvre a perdu, cette année, trois de ses membres : Mme Buisson, Mme Sourd et Mme Vanet. Une intention spéciale leur sera donnée, demain, au service qui sera célébré pour toutes les dames défuntes de votre Œuvre.

Deux d'entre elles ont été remplacées : Mme Buisson, par sa sœur, Mme Coblod ; Mme Sourd, par sa fille, Mme Giroud. Deux nouvelles associées ont voulu se joindre à vous, Mme Plattier et Mme Cognet, de sorte que votre Société ne cesse de prospérer, et ne cessera pas encore de faire le bien dans la paroisse, car le but que vous poursuivez avant tout, c'est la charité, cette fille du ciel, à laquelle aspire tout cœur chrétien.

Il a été distribué cette année :

Du pain, pour la somme de..............................	1.134 85
Du charbon —	131 40
Des denrées diverses pour...............................	233 25
Des chaussures et de la lingerie, pour...............	135 30
Enfin il a été dépensé pour frais de loyers, imprimés et secours divers.............................	202 50
Ce qui donne un total de........................	1.897 30

sans compter les dons particuliers qui ne veulent pas être connus.

Laissez-moi vous en exprimer personnellement toute ma reconnaissance, et vous assurer que cet argent, placé au sein des pauvres sera votre plus précieuse récompense pour l'éternité.

RÈGLEMENT

DE LA

SOCIÉTÉ DES DAMES DE CHARITÉ

De la ville de Lagnieu.

CHAPITRE PREMIER

But de la Société.

La Société de charité, établie à Lagnieu, aura pour fin principale de secourir les malades et les pauvres les plus nécessiteux.

CHAPITRE II

La Société se composera : 1° d'associées en aussi grand nombre qu'on en trouvera disposées à l'Œuvre, moyennant une rétribution fixée par le conseil, laquelle ne pourra être moindre de 4 francs par an ;

2° d'un bureau ; 3° d'un conseil.

CHAPITRE III

De la formation du bureau.

ARTICLE PREMIER

COMPOSITION DU BUREAU

Le bureau se compose : 1° d'une Présidente ; 2° d'une Vice-Présidente ; 3° d'une Secrétaire ; 4° d'une Trésorière.

ARTICLE II

DE LA PRÉSIDENTE

La Présidente convoque et préside les assemblées générales et particulières. Dans les votes, sa voix compte pour deux. Elle met son *visa* aux bons, signe les comptes rendus et les pièces importantes de la Société.

ARTICLE III

DE LA VICE-PRÉSIDENTE

La Vice-Présidente remplace la Présidente absente dans toutes ses attributions.

ARTICLE IV

DE LA SECRÉTAIRE

La Secrétaire est chargée : 1º des billets de convocation ; 2º des procès-verbaux, dont elle donne lecture à la séance suivante.

ARTICLE V

DE LA ,TRÉSORIÈRE

La Trésorière reçoit tous les dons, signe les reçus, et rend ses comptes le 21 novembre.

ARTICLE VI

RENOUVELLEMENT DU BUREAU

Les membres du bureau gardent leurs attributions tant qu'elles font partie de l'Œuvre. A leur mort, elles sont remplacées par un vote du conseil.

CHAPITRE IV

Du conseil, de sa composition, de ses attributions.

Le conseil se compose de 18 membres qui se recrutent entre elles. Les conseillères ont voix délibérante : elle font part au bureau de tout ce qui intéresse la Société, font connaître les personnes qu'on peut y admettre et doivent mettre tout leur zèle à l'accroître.

Le conseil se réunit une fois par mois pour délibérer sur les personnes à secourir et sur la quotité des secours à distribuer.

Les dames du conseil feront, à tour de rôle, la visite des pauvres pendant un mois, leur distribueront les secours votés à la réunion précédente, s'informeront de la situation des indigents qui leur seront signalés, et en rendront compte à la réunion suivante où l'on décidera de ce qu'il conviendra de faire.

Dans leurs réunions, les dames du conseil exposeront librement et sincèrement leur avis, afin de se bien éclairer sur le meilleur parti à prendre. Mais une fois séparées, elles ne parleront qu'avec discrétion et retenue de ce qui aura été agité, se garderont surtout de divulguer les jugements ou opinions que chacune aura portés sur tel ou tel pauvre, ne se froisseront point non plus que leur avis n'aura pas prévalu, et s'en rapporteront toujours à la décision de la majorité, comme à la décision la plus sage.

Elles ne perdront pas de vue que la charité qu'elles exercent envers les pauvres ne doit jamais être un encouragement au vice et à la paresse, qu'elles n'ont pas seulement pour mission de soulager les misères du corps, mais encore celles de l'âme ; qu'en conséquence, elles ne doivent laisser échapper aucune occasion de rappeler les nécessiteux au sentiment du bien et du devoir, et elles assisteront de préférence ceux qui sont hors d'état de pourvoir à leurs besoins, à raison de leur âge, de leurs infirmités et de toute autre circonstance malheureuse.

CHAPITRE V

Des Associées.

Les associées ou dames honoraires sont toutes celles qui s'enrôlent purement et simplement dans cette œuvre de charité, en s'engageant à verser chaque année le montant de leur souscription.

Toute personne, même étrangère à la localité, peut faire partie de l'Œuvre, à titre d'associée.

Mais parmi les Associées, il peut y avoir un certain nombre de *dames coadjutrices*, c'est-à-dire de dames qui, en souscrivant, consentent à prêter leur concours aux dames du conseil soit pour visiter les pauvres avec l'une d'elles, soit pour faire la quête à l'église.

Elles seront invitées à assister à la réunion du conseil qui précèdera le dimanche où elles devront quêter, ou le mois pendant lequel elles auront à visiter les pauvres.

CHAPITRE VI

Vocable de la Société.

La Société se met sous la protection spéciale de la sainte Vierge, et se propose de l'invoquer sous le titre de Notre-Dame de la Charité, afin d'obtenir, par la médiation de la Reine du ciel, cette intention pure qui seule rend les bonnes œuvres méritoires.

Elle célèbrera chaque année la fête du vocable de l'Œuvre, qui sera la fête de la Présentation de la très sainte Vierge, le 21 novembre.

Cette fête sera, autant que possible, précédée de quelques jours de retraite, pendant lesquels les dames de la Société se retremperont dans l'amour de Notre-Seigneur Jésus-Christ. Le jour de la fête sera le jour de la communion générale, et, après la messe, il sera fait un compte rendu de l'état de l'œuvre devant toutes les Associées réunies.

Le lendemain, c'est-à-dire le 22 novembre, un service sera célébré pour toutes les dames défuntes, et les Associées seront invitées à y assister.

CHAPITRE VII

Indulgences.

Indulgence plénière : 1° le jour de la réception ; 2° le jour de la fête principale si on se confesse et que l'on communie ; 3° à l'article de la mort, en invoquant les saints noms de Jésus et de Marie ; 4° par une faveur spéciale, à toutes les messes qui se diront pour les Associées défuntes.

Indulgence partielle de 60 jours, toutes les fois que l'on fait une œuvre de charité, que l'on visite les malheureux, que l'on instruit les ignorants, que l'on fait la quête pour les pauvres, que l'on dispose les malades à la réception des sacrements.

Par un bref du 20 novembre 1831, Mgr Devie, sur la demande de M. Bouveyron, curé de Lagnieu, a approuvé ces indulgences et a déclaré que les Associées des dames de charité de Lagnieu pourraient les gagner.

NOMS

Des premières Fondatrices de l'Œuvre.

Mmes Jeanne Quinson.
Marie Blanchin.
Marie Michaud.
Marie Giroud.
Anne Clément.

Mmes Elisabeth Montessuy.
Joséphine Ringuet.
Julie Vial.
Louise Dementhon.
Sœur Clémence, supérieure.

ASSOCIÉES

Ayant fait partie de l'Œuvre de charité en 1853 décédées depuis.

Mmes du Maupas.
Masson, née Pitrat.
Veuve Berlie-Bottex.
Dépallière-Mazerat.
Méhier-Giraud.
Griot.
Bouilloud.
Veuve Claret.
Diot-Lapierre.
Galliot J.-B.
Milot-Ducouder.
Giraud-Sibert.
Baumès.
Veuve Beccat.
Comparat-Girardet.
Taconnet-Montessuy.
Rollet-Martin.
Michaud Marie.
Veuve Rostaing.
Trolliet-Minand.
Crost-Jobert.
Morel-Grumel.
Veuve Sourd.
Nodet-Gobin.
Lépine-Minand.
Dépallière Francisque.
Cagnin-Comparat.
Cagnin Jean.
Veuve Comte.
Masson Edouard.
Blondel.
Beccat Victor.
Magnand.
Ferry.
Dépallière-Burlet.
Fritsch Catherine.
Micoud-Janin.

Mmes Jujat-Violand.
Blanchy-Jujat.
Lépine Maurice.
Cagnin Jean.
Chemin.
Giraud-Modas.
Poncet.
Cochet.
Rollet-Blanchy.
Méhier Achille.
Chevalier.
Quatre.
Diot jeune.
Barbier Jean.
Veuve Clément.
Barbier Ambroise.
Quinson-Roux.
Dementhon-Curtet.
Durand.
Thiévon-Bidard.
Dupuis-Martelin.
Jujat Antoine.
Blanchy-Trolliet.
Juvanon Sylvia.
Perrod-Méhier.
Perrod (de Solland).
Blanchy-Bibeau.
Blanchy André.
Balme-Quilex.
Barral-Cuzin.
Beccat Anna.
Dépallière Auguste.
Durouge.
Fore.
Fouquet.
Giraud Pierre.
Gay.

Mmes GRUMEL.
LÉPINE Pierre.
LANDOT.
LAURIN.
LAURENT Françoise.
MORET Clotilde.
MILOT Charles.
MERCIER.
PITRAT Alexis.
THOLLON-BALLEFIN.
CHAUSSON.
BIDARD-TRAFFEY.
ANTHELME-BIDARD.
CLÉAIX Hélène.
ROUSSEAU.
BOULANGER Rosalie.
TRICHET.
PITRAT Laurence.
VIAL.
GRILLON.
ROLLET Clotilde.

Mmes TERRÓLION Joseph.
BOISSON Annette.
MARQUIS-TISSOT.
CANDÈZE.
NODET mère.
LÉPINE Jean-Marie.
PERNOUD-FRITSCH.
CROST.
BEL.
GROSCLAUDE Pierre.
PERROUD.
JUVANON-CROST.
QUINSON François.
COLLONGEAT.
THIÉVON-MINAND.
TISSOT.
TROUSSIER.
GACHY.
BUISSON.
SOURD.
VANET.

BIENFAITEURS DE L'OEUVRE

Mme FOURNIER mère.
Mlle FOURNIER.
Mmes BERLIE.
BAUMÈS.
GUILLEMOT.
QUATRE.
Mlle Sylvia JUVANON.
Mmes Catherine LEPINE.
BLANCHY.
Mlle Bathilde SOURD.

MM. MASSON.
PERROUD.
Mlle Annette BOISSON.
Mmes GACON-BOUVIER.
Marquise douairière de la
VERPILLIÈRE.
BOURDIN Albert.
LAMBERT.
REVEL.
Mlle Joséphine BOISSON.

DAMES

Faisant actuellement partie de l'Œuvre.

BUREAU

Présidente: Mme la marquise DE LA VERPILLIÈRE.
Vice-Présidente: Mme CLERMIDY.
Secrétaire: Mme BERNIER.
Trésorier: M. le CURÉ.

CONSEIL

Mmes LATRY.
ROCOFFORT.
GROSCLAUDE-GALLAND.
MEHIER.
NODET.
GOYET mère.
FRITSCH Jean-Baptiste.
COMTE.

Mmes RAUGÉ.
DEFFOREY-CHARNARD.
DRONE.
GRILLON Fanchette.
FRANÇON.
GOYATTON.
HUMBERT.

ASSOCIÉES

Mᵐᵉˢ ALEX.
ANTHELME-FABRY.
ARMAND.
BALLEY mère.
BARBERO.
BECCAT André.
BERNARD.
BIBEAU Antonin.
BIDARD Victorine.
BILLARD Hippolyte.
BISSON Louise.
BOURDIN Alfred.
BOURDIN Marie.
BOURGET.
BOUVEYRON.
BROISSAND.
BRUYÈRE-MEHIER.
BURLET Edouard.
BUSSIÈRE.
CARLIN.
CHAILLET mère.
CHAILLET Louis.
CHAMBRE.
CHARBONNIER.
CLARET.
CLERC Paul.
CLERC Camille.
CLERMIDY Louis.
COBLOD.
COGNET.
Comtesse Charles de la VER-
PILLIÈRE.
DEFFOREY Charles.
DÉPALLIÈRE Félix.
DÉPALLIÈRE Joseph.
DÉPALLIÈRE Jules.
DÉTARD Delphine.
DURAND (notaire).
DUROCHAT Gabriel.
DUROUGE.
FESSY.
FORAY Thomas.
FORNIER.
FRILET.
GABERT.

Mᵐᵉˢ GACON Joseph.
GENAND.
GINET.
GIRAUD sœurs.
GIRAUD Léon.
GIROUD-BOISSON.
GIROUD-BESANÇON.
GIROUD-SOURD.
GOYET Jules.
GRANJON DE LÉPINEY.
GROSCLAUDE Pauline.
GROSCLAUDE Alphonse.
GROSCLAUDE Philippe.
GROSJEAN.
HUGUET.
JACQUEMIN.
JUVANON Aimé.
LAPIERRE-CROST.
LÉPINE Hippolyte.
MARQUE.
MARQUIS-BENOIT.
MARQUIS-COTTET.
MARTELIN Jules.
MERCIER Eugénie.
MICHAUD-RINGUET.
MIRAD.
MONNET.
MONTANGERAND.
NICOLLE.
PASTÉUR.
PLATTIER.
PONSOT.
ROLLET Balme.
ROLLET Eugénie.
ROLLET Jean-Baptiste.
ROUX.
SOURD Joseph.
TACONNET-CHEVELU.
TERRIER.
TERROLION Claudius.
TERROLION Mélanie.
THIÉVON Aimé.
VERNIER.
YVRARD.

2869. LYON. — Imprimerie Emmanuel VITTE, rue de la Quarantaine, 18.